NOGENT-SAINT-LAURENS

NOGENT DE SAINT-LAURENT.

Publié par G. HAVARD.

LES-CONTEMPORAINS

NOGENT
SAINT-LAURENS

PAR

EUGÈNE DE MIRECOURT

PARIS — 1858

CHEZ L'AUTEUR
48, rue des Marais Saint-Martin

Et chez tous les Libraires de France
et de l'Étranger

L'auteur se réserve le droit de traduction
et de reproduction à l'étranger.

NOGENT-SAINT-LAURENS.

***

Voici une page d'histoire contemporaine
que forcément nous laisserons inachevée
jusqu'à nouvel ordre.

Le héros que nous allons peindre, illustre
dans le passé comme dans le présent, doit

attendre plus encore de l'avenir, si le mérite a sa couronne et si les justes espérances
se réalisent en ce monde.

Jules-Henri Nogent-Saint-Laurens est un
fils du Midi, de cette terre favorisée du ciel,
où les talents, comme les plantes, sont de
bonne heure en pleine floraison.

Notre avocat touche à peine à l'âge mûr

Depuis vingt ans il prouve que l'art des
Démosthènes est comme la valeur et qu'il
n'attend pas le nombre des années.

Une ville du département de Vaucluse,
Orange, s'honore de l'avoir vu naître. Il
est d'une famille de robe. Son grand-père
était un avocat très-èstimé, grand ami des

beaux-arts et musicien par excellence. L'aïeul a transmis au petit-fils son double talent d'orateur et de virtuose.

On l'a dit avant nous, l'éloquence a la musique pour sœur : l'une et l'autre sont filles de l'harmonie.

M. Nogent-Saint-Laurens père suivit également avec distinction la carrière du barreau.

Pour lui le moment est venu de se reposer de ses longues fatigues judiciaires ; mais il se repose comme le sage, en cherchant à se rendre utile aux hommes. Il exerce, dans un canton voisin de Paris, les modestes fonctions de juge de paix, consacrant ainsi par le dévouement la fin d'une honorable et laborieuse existence [1].

Comme l'aïeul et comme le petit-fils, le père a le goût des arts.

Il est, de plus, archéologue érudit. Les amateurs de numismatique viennent de fort loin visiter son médailler.

Un ami de la maison, l'auteur de *Clara Gazul* et de *Colomba*, donne une explication légèrement paradoxale de ces goûts artistes, qui se transmettent dans cette famille comme apanage héréditaire.

[1]. Il avait deux fils. Tout récemment il a dû pleurer la mort du plus jeune, qui était inspecteur de la navigation et des ports.

Mérimée les attribue à la contemplation des célèbres ruines romaines qui, depuis vingt siècles, se tiennent encore debout sous les yeux des habitants d'Orange.

Si la remarque est juste et si l'influence des objets extérieurs sur le développement de nos facultés intellectuelles n'est pas chimérique, nous avons en perspective une postérité d'idiots, grâce à notre admiration pour la ligne droite et pour l'architecture insipide.

Dieu veuille que Mérimée ne soit qu'un sophiste!

Henri Nogent, dès le berceau, fut destiné à la profession qui pour lui devait être si glorieuse. Il reçut les premiers enseigne-

ments élémentaires sous la direction pater-
nelle, commença de bonne heure au collége d'Orange ses études latines et les
acheva au collége d'Avignon.

Sur tous les bancs et dans toutes les
classes les premiers prix furent pour notre
élève.

Deux de ses professeurs, MM. Lacombe
et Pinault, conservent le souvenir de ses
victoires classiques et ne tarissent pas en
éloges quand ils parlent de lui. Le premier
est officier de l'Université en retraite ; le
second remplit les fonctions de proviseur
au collége de Tours.

Un avocat d'Orange, M. Mazade, grand
ami de M. Nogent père, prit plaisir à déve-

lopper le goût très-vif du jeune élève pour les littératures anciennes.

Familier avec la langue de Cicéron et avec celle d'Homère, il l'initia bientôt à leurs sublimes beautés, à leurs délicatesses exquises.

Tous les jeudis ils faisaient ensemble aux environs de la ville de longues promenades.

A l'ombre des arbres en fleurs qui enourent les ruches d'abeilles, ils lisaient les églogues du chantre de Mantoue. Henri écoutait son officieux répétiteur qui paraphrasait les vers du poëte sur l'industrie et la police de ces républiques laborieuses. M. Mazade lui faisait remarquer des prodiges d'instinct, des preuves d'intelligence et de sagesse qui avaient échappé à Virgile,

et dont notre collégien se montrait émer-
veillé.

Néanmoins, dès cette époque, ses études
favorites avaient trait à l'éloquence.

Il se passionnait pour nos grands ora-
teurs chrétiens; il analysait leurs discours,
s'appliquait à distinguer le cachet princi-
pal de leur talent, et apprenait par cœur
les passages qui lui causaient le plus d'é-
motion, ou dont le charme et l'éclat l'a-
vaient frappé.

Tout le plan d'un discours restait pour
ainsi dire stéréotypé dans sa mémoire, et
M. Mazade tombait des nues en l'entendant
reproduire l'exorde, la division d'une foule
de chefs-d'œuvre de la chaire ou de la tri-

bune, que parfois même il déclamait textuel-
lement d'un bout à l'autre.

Dans les jeux de l'enfance, on devine
presque toujours ce que deviendra l'homme.

La maison de M. Nogent père, vaste et
commode, servait de rendez-vous, le di-
manche, à une bande joyeuse de condis-
ciples, et durant toute la journée on jouait
à cligne-musette ou à la guerre.

Mais, le soir, Henri obtenait qu'on jouât
à l'audience.

Tous ses amis et lui-même se fabri-
quaient tant bien que mal des robes de
juges et des rabats fantastiques.

L'un occupait le siége du président, un

autre représentait la magistrature debout.

Quant à notre jeune d'Aguesseau, les plaidoiries lui appartenaient de droit, et il avait comme adversaires habituels plusieurs camarades de son âge.

Pour tenir ces graves audiences, Henri installait ses compagnons dans le cabinet de son père.

On inventait un délit, voire même un crime.

L'accusé faisait toujours défaut bien entendu; mais les avocats allaient leur train, sans prendre garde aux invraisemblances judiciaires, et avec le plus magnifique sérieux.

Soit que le héros de cette histoire perdît ou gagnât sa cause, il triomphait par son éloquence. Incontestablement c'était lui qui parlait le plus longtemps et avec le plus de facilité.

La partie adverse, aimait bien mieux jouer à la guerre.

Mais Henri menaçait de déserter à la première campagne. On se résignait à l'écouter et à lui donner la réplique.

Trente ans se sont écoulés.

Nos amis n'ont pas perdu le souvenir de leurs luttes oratoires et des scènes tumultueuses de ce jeune aréopage.

A la fin de ses études, Henri Nogent ob-

tint les prix d'honneur en réthorique et
en philosophie.

L'année suivante, nous le voyons com-
mencer à Aix ses études de droit. Chassé
par le choléra, il vient les achever à
Grenoble.

Tout en suivant les cours de l'Ecole et
les conférences, il conserve le goût très-
prononcé de la littérature. Assis dans sa
modeste chambre, le coude sur son Toul-
lier, la plume entre les dents et les yeux
perdus dans le vague, il oublie souvent le
Code, civil et cherche les rimes savantes
d'un sonnet.

Parmi les étudiants se trouvait M. de la
Prade, le récent académicien, qui était em-

porté déjà par sa vocation de poëte. Henri Nogent rimait aussi, et les deux camarades échangaient des vers sur leurs albums.

Faible de santé, M. de la Prade accompagnait rarement ses amis au café. Il leur souhaitait le bonsoir en disant :

— Amusez-vous bien! Moi, je vais faire une orgie de tisanne.

Plusieurs journaux du Midi publièrent les essais poétiques de Nogent-Saint-Laurens. On s'accordait à les trouver remplis de promesses pour l'avenir.

Mais l'avenir du jeune homme était au Palais; il ne s'arrêta qu'en passant auprès des Muses.

Quoi qu'il en soit, le poëte des jeunes années n'a pas nui au brillant orateur d'à présent.

N'est-ce pas de ces voyages au pays du style et de l'imagination qu'il a rapporté cette forme colorée, cette éloquence imagée et vibrante, qui émeut, séduit, entraîne, comme une ode de Victor Hugo, comme une symphonie de Félicien David?

Présenté au serment d'avocat par M. de Sibert attaché au barreau de Nîmes, [1] Henri Nogent fait son stage à Orange auprès de son père et de son grand-père.

Mais il brûle de débuter.

1. Aujourd'hui secrétaire général du ministère de la justice.

Un avocat, ami de sa famille, M. Masson, voyant son ardeur, lui aplanit d'un seul coup la difficulté de trouver une première cause. Il l'associe généreusement à la défense d'un prévenu qui, poussé à bout par des provocations insolentes, a eu le malheur de tuer son adversaire en duel.

Le début de Nogent Saint-Laurens est un véritable triomphe.

Entraîné par la vivacité méridionale et par son affection pour Henri, M. Masson l'embrasse en pleine audience, aux bravos réitérés de la salle entière. Le président rappelle l'auditoire au silence; mais en même temps il adresse quelques paroles flatteuses au jeune avocat, et les applaudissements redoublent.

Inutile d'ajouter que le jury fut unanime pour rendre en faveur de l'heureux client un verdict de non-culpabilité.

Dans les premiers mois de l'année 1838, le jeune avocat vient se fixer à Paris.

Protégé par M. Victor Augier, alors avocat à la Cour de cassation, il est présenté à M. le procureur-général Franck Carré.

M. Victor Augier, père d'Emile Augier, est l'ami intime, le camarade d'enfance du père de M. Nogent-Saint-Laurent. L'amitié des pères est descendue sur les fils, et dans un instant nous allons voir une manifestation de l'amitié et des travaux des deux jeunes gens.

Henri est nommé d'office pour plaider une première cause à la Cour d'assises.

Le voilà plongé dans la vie sérieuse du Palais.

Néanmoins il ne se résigne pas encore à mettre en oubli sa chère littérature, et, si nos renseignements sont justes, certain drame, en collaboration avec Emile Augier, date de cette époque.

Il y avait entre nos deux camarades une union doublement intime, celle du cœur et de l'esprit.

Un jour, ils vont ensemble frapper à la porte de l'Ambigu-Comique.

— Entrez! crie d'une voix joviale, un gros bonhomme à demi-auteur et à demi-troupier, qui tenait, en ce temps-là, au théâtre de feu Audinot[1] le sceptre de la direction.

C'était le père Dutertre.

Henri et Emile pénètrent en tremblant dans le sanctuaire directorial.

Ils ont la démarche embarrassée; l'émotion leur étrangle la voix. Augier tortille

---

1. Audinot est le fondateur de l'Ambigu-Comique. Il n'avait d'abord obtenu que le privilège d'un théâtre de marionnettes; mais bientôt il obtint de remplacer par des enfants ses acteurs en bois. La troupe grandit et on la laissa tranquille. Au frontispice de la salle le directeur avait placé cette inscription latine : *Sicut infantes Audinos*, et le peuple traduisait naïvement : *Voici les enfants d'Audinot.*

les bords de son feutre avec frénésie, et son compagnon tient sous le bras un manuscrit roulé, qu'il semble chercher à dissimuler par pudeur.

— Que m'apportez-vous là? demande le père Dutertre.

Henri devient rouge comme une fille de seize ans, interpellée par un garde française. Le directeur lui prend le manuscrit, enlève la faveur rose qui l'attache, le déroule et lit à haute voix ce titre flamboyant :

La conquête de Naples par Charles VIII, *drame en cinq actes et en prose.*

— Ah! ah! dit-il... Eh bien nous allons voir cela, mes enfants !

Beaucoup de directeurs, comme on le sait, n'y mettent pas cette complaisance. Ils savent admirablement renvoyer les jeunes auteurs aux calendes grecques. Ancien cuirassier de la garde royale, le père Dutertre avait des façons plus courtoises ; il alluma un cigare et dit à nos amis avec une gracieuse résignation :

— Commencez, je vous écoute !

Henri s'était chargé de la lecture.

De temps à autre, il levait la tête pour surprendre sur le visage de Dutertre un signe d'approbation ou de mécontement ; mais ce diable d'homme, fumant toujours et presque enterré dans un vaste fauteuil, restait impassible comme une idole hindoue, au milieu d'un nuage de fumée bleuâtre.

A côté d'inexpériences énormes, il y avait nécessairement dans ce drame des qualités attachantes, de la jeunesse, de la verve, de la santé d'esprit, car Dutertre voulut l'entendre jusqu'au dénouement.

Le lecteur s'arrêta, plus enroué qu'après une plaidoirie de trois heures à la conférence.

Emile Augier prit la parole.

— Eh bien, monsieur, demanda-t-il à Dutertre, comment trouvez-vous la pièce?

— Heu! fit le grognard, elle est innocente! Pourtant il y a de fort belles scènes. Vous dites que votre *machine* s'appelle?...

— *La Conquête de Naples par Charles VIII.*

— Affreux titre, messieurs, affreux titre ! Et puis, au théâtre, il faut autre chose que de l'esprit et du style. Vous ne connaissez pas la charpente; vous n'avez pas le moindre idée des ficelles... et, ma foi, je regrette de vous le dire, votre *conquête* n'a pas fait la mienne !

Sur cet abominable calembour, le directeur de l'Ambigu-Comique leva la séance.

Cruel père Dutertre !

En se retrouvant, deux minutes après sur l'asphalte du boulevard, nos jeunes collaborateurs se regardèrent désespérés.

Tout est fini ! s'écria Nogent-Saint-Laurens. Je renonce à la littérature, et je me voue tout entier au barreau. Si tu m'en crois, cher ami, tu suivras mon exemple.

— Non pas, répondit Emile ; je ne me tiens pas pour battu après ce premier échec. Scribe a composé trente ou quarante pièces avant d'en faire jouer une.

— Ainsi, tu persistes ?

— Oui.

— Tu as raison, peut-être. Il est certain que la vocation véritable s'éprouve au creuset de la patience. Or, je me sens très-peu de patience, et j'en conclus que je n'ai pas, moi, la vocation du théâtre.

Voilà comment le héros de ce livre abdi-

qua ses prétentions à la gloire des lettres,
tandis qu'Emile Augier persévéra dans la
recherche de cette gloire.

Ils ont eu raison tous les deux.

Le monde artiste et l'Institut l'ont prouvé
pour le poëte; le monde judiciaire et le
barreau pour l'avocat.

Depuis cette époque, et tout en suivant
des routes diverses, nos deux collaborateurs conservent l'un pour l'autre les sentiments d'une inaltérable amitié et d'une
profonde estime.

Ayant accompli le sacrifice et rendu
impossible le retour des tentations litté-

raires, Nogent-Saint-Laurens se concentra dans le droit et dans la plaidoirie, comme on s'enferme dans sa maison. Dès ce jour, nous le voyons marcher d'un pas rapide et ferme vers le succès, la fortune et la renommée.

En 1839, tout jeune encore, il fut désigné d'office pour défendre un nommé Soufflard, accusé d'avoir assassiné, de complicité avec Lesage, une malheureuse marchande de la rotonde du Temple.

Dans cette affaire si grave et si difficile, Nogent-Saint-Laurens révéla toutes les qualités qui, plus tard, se développèrent d'une façon si merveilleuse et lui assignèrent une des premières places au barreau de Paris.

Quelques procès politiques, dont la dé-

fense lui fut également confiée d'office, lui
donnèrent occasion de porter la parole
devant la cour des pairs.

Ce fut ainsi qu'il plaida dans le procès
Barbès, et, plus tard, en 1841, dans le
procès Quénisset.

Dès l'année précédente, alors qu'il n'était
qu'avocat stagiaire, il fut élu par les mem-
bres de l'Ordre pour prononcer, à la
séance de rentrée des conférences, l'éloge
historique d'Hennequin. C'est une cou-
tume au barreau de Paris de choisir,
chaque année, par élection, deux stagiaires
qui prononcent le discours de rentrée.

Le conseil de l'Ordre désigne les sujets
que traitera l'orateur.

Peu de jours après avoir reçu de ses confrères cette marque de distinction, M. Nogent-Saint-Laurens décacheta la lettre qui va suivre.

« Monsieur,

« J'apprends avec bonheur que vous êtes chargé par votre ordre de prononcer à la rentrée des tribunaux l'éloge de M. Hennequin. Vous ne le considérerez peut-être que comme avocat; et ce seul aspect de sa vie suffirait à l'illustration de sa mémoire. Si l'usage de ce dernier tribut aux morts existait à la Chambre des Députés, j'aurais disputé à tous mes collégiens l'honneur de le payer à M. Hennequin.

« Sa place est restée vide dans mon cœur comme sur le banc de la Chambre où je m'asseyais non loin de lui.

« Pendant ces tempêtes d'opinions et de passions qui agitent si souvent l'air des assemblées politiques, j'aimais à contempler la sérénité calme de son front, toujours éclairé par la bonté de sa haute intelligence.

« Séparé de lui par quelques différences de politique, j'étais d'accord avec lui sur tout ce qui se juge par l'honneur ou par le cœur.

« L'homme d'Etat se trompe souvent, l'homme de bien ne se trompe jamais.

« Sa conviction sur toutes les questions

sociales avait l'infaillibilité de sa vertu, et
sa parole, dont la chaleur était douce
comme son âme, avait la puissance de sa
conviction. Le regard de ses collègues s'at-
triste toujours quand il se porte sur la place
où il était assis. Nous sentons, selon
le langage de l'Evangile, qu'*une vertu est
sortie de nous.*

DE LAMARTINE. »

Le discours de maître Nogent fut im-
primé aux frais de l'Ordre.

Afin de permettre à nos lecteurs d'ap-
précier le mérite littéraire et philosophique
de ce morceau, nous en citerons quelques
passages.

Voici en quels termes le jeune orateur
appréciait la gloire, cette passion des
grandes âmes.

« Dans le monde matériel toutes choses
pâlissent et s'effacent sous l'inflexible loi
du temps ; mais le temps est impuissant à
détruire l'empreinte qu'une intelligence
supérieure a laissée sur un siècle. Telle est
la consolation de ceux qui, loin des plaisirs
de la foule, ont voué leur existence aux
méditations de l'étude ; ils laisseront trace
de leur passage sur la terre, et, le lendemain de leur mort, ils revivront par leurs
œuvres et par leurs idées.

« Comme la littérature, comme les
beaux-arts, comme la science, comme les
batailles, l'éloquence a sa gloire aussi. Que

de noms lui doivent une impérissable cé-
lébrité! C'est d'Aguesseau, éternel par sa
parole judiciaire; c'est Gerbier, éternel par
la plaidoirie; c'est Mirabeau, éternel par
la parole politique!

« Heureux ceux qui se sont isolés par la
gloire de leurs œuvres. Longtemps on les
suit de l'œil dans les hauteurs d'une vocation exceptionnelle. Tour à tour ils souf-
frent et triomphent de l'envie, de la haine,
de l'injustice et de toutes ces passions
mauvaises que les grands talents soulèvent
en chemin, comme le vent soulève la
poussière. Puis on les voit mourir pour
léguer aux hommes le précieux résultat de
leurs veilles et de leurs méditations.

« C'est donc par dessus le monde maté-

riel qu'existe cette masse d'idées éternelle-
ment flottantes, dont les combinaisons et
les modifications séculaires produisent les
sciences, les lettres et les arts. Là sont les
sources vives de la politique, de la philosophie, de l'éloquence; là est le passé avec
son enseignement; là est l'avenir avec son
progrès. Eh bien, c'est dans ce monde in-
tellectuel, c'est là qu'il faut chercher la
véritable gloire d'un homme; car, avant
de mourir, c'est là que nos beaux génies
ont blasonné leur immortalité. »

Dans ce même discours, appelé à parler
de l'improvisation, Nogent-Saint-Laurens
traita ce sujet avec une science parfaite et
une merveilleuse profondeur.

« Il faut bien se garder, dit-il, de juger

le degré d'improvisation qu'a pu atteindre
un avocat par le volume de ses notes d'audience, ou par la longueur du temps con-
sacré à ses préparations. Tel se lève à la
barre sans le secours apparent d'une ligne
écrite, et qui pourtant n'improvise pas; tel
autre suit de l'œil les divisions de sa plaidoirie, minutieusement tracées sur le pa-
pier; et qui pourtant improvise. On peut
avec beaucoup d'art donner un caractère
de spontanéité à des paroles écrites; il peut
arriver aussi qu'une diction monotone
prête à des paroles improvisées le caractère
d'un discours écrit. Les signes extérieurs
de l'improvisation n'existent pas, à vrai
dire, et toutes ces apparences que l'on si-
gnale sont des mesures incertaines qui trop
souvent portent à de fausses appréciations.

« L'improvisation n'a jamais été la simul-
tanéité absolue de la parole et de la pensée.
Ce serait dépasser les forces intellectuelles
de l'homme que d'exiger chose semblable.
On n'improvise pas le fond d'une discussion de droit, les moyens d'une défense
criminelle, pas plus que les arguments
d'une dissertation philosophique. L'improvisation est la spontanéité de l'expression,
après une réflexion lente et sérieuse ; c'est
la parole qui court sur la pensée longtemps
méditée ; c'est l'émotion après le calme ;
c'est une agitation tumultueuse après la
puissante immobilité de l'intelligence. »

Des applaudissements éclatèrent dans
l'auditoire.

Jamais définition plus savante et plus

juste n'avait été donnée avec plus d'élégance et plus de clarté.

Nous sommes toujours en 1840.

Le prince Louis-Napoléon et ses amis, arrêtés à Boulogne, allaient comparaître devant la Cour des pairs.

Cet événement politique agitait les esprits, et l'intérêt de la foule était puissamment excité.

Nogent-Saint-Laurens n'avait pas fini son stage. Depuis neuf mois à peine le tableau de l'ordre portait son nom.

Comme tant d'autres, il avait les yeux fixés sur ce grand procès, non pour y prendre part, c'était au-dessus de ses espérances ; mais pour en suivre les détails et les vicissitudes.

Le jour solennel approchait, lorsque notre jeune avocat rencontra tout-à-coup un de ces événements qui commencent et assurent la fortune d'un homme. Un des compagnons du prince, le colonel Laborde, s'était adressé à M. Victor Augier, premier protecteur de Henri Nogent. M. Victor Augier avait renoncé aux luttes judiciaires pour se concentrer dans l'étude et la méditation du droit. Il porta la cause à Nogent-Saint-Laurens.

Celui-ci fut sur le point d'être refusé.

Ses airs de jeunesse et d'inexpérience

avaient inspiré une certaine défiance au colonel. Il eut enfin le bonheur d'être accepté.

La reconnaissance de Nogent-Saint-Laurens pour M. Victor Augier est demeuré profonde, et, quand il parle de lui, il a l'habitude de dire :

— C'est le père d'Emile qui m'a inventé.

Le colonel Laborde était un soldat vieilli sous le drapeau, couvert de glorieuses blessures et qui, après l'héroïsme des batailles, déployait l'héroïsme du dévouement.

Il avait juré de suivre jusqu'à la mort les destins du prince Louis.

Dans cette grande affaire, Nogent se trouvait assis à côté des premiers avocats du barreau parisien, Berryer, Marie, Ferdinand Barrot, Jules Favre.

Epreuve, redoutable pour un orateur si jeune!

Son discours néanmoins eut un succès immense. Parlant des services rendus autrefois à nos armes par le colonel Laborde, il s'écria :

« — Comment voulez-vous qu'il n'aimât point l'Empire, lui qui l'a servi vaillamment? Ecoutez ! Je vais vous dire ce qu'il a fait, comment il a servi; je dirai tout cela simplement, sans exagération. D'ailleurs, M. Laborde ne voudrait pas que l'éclat des mots eût le défaut de prêter de trop grandes apparences à sa carrière militaire; il est modeste, il se rend justice, et il sait que la vie d'un colonel disparaît dans cette merveilleuse histoire de l'Empire comme une journée dans un siècle..»

Après cet exorde, Nogent-Saint-Laurens entra dans la défense.

Quand il eut fini, un murmure d'approbation courut d'un bout de la salle à l'autre, et le *Moniteur* de l'époque a constaté ce triomphe d'audience.

M. le chancelier Pasquier adressa des éloges au jeune défenseur du colonel.

Beaucoup des nobles pairs suivirent cet exemple. Le grand Berryer lui-même prodigua les félicitations à Nogent et vint lui serrer affectueusement la main.

Ce magnifique succès oratoire attira tout d'abord en haut lieu l'attention sur notre héros. Le ministre de la justice lui fit proposer officieusement une place distinguée dans la magistrature debout

Maître Nogent refusa, par amour de sa profession, et peut-être aussi par amour de l'indépendance.

De tous ses auditeurs à la Chambre, le prince Louis n'avait pas été le moins frappé de sa plaidoirie éloquente. Il en conserva le souvenir, et, plus tard, il appela Nogent-Saint-Laurens au château de Ham, pour lui confier la défense d'intérêts engagés au tribunal civil de la Seine: . . -

Voilà comment, par son mérite seul, notre jeune avocat se rapprocha de l'homme qui devait tenir un jour entre ses mains les destinées de la France.

En 1844, nous le retrouvons exerçant son ministère à la Cour d'assises, aux côtés de maître Chaix-d'Est-Ange, dans ce procès Donon-Cadot, que l'histoire des crimes fameux a retenu pour ses annales les plus saisissantes.

A dater de cette époque, il nous est impossible de le suivre pas à pas dans les innombrables épisodes judiciaires, au milieu

des audiences quotidiennes et des mille fatigues du Palais.

En 1845, il se chargea de notre propre
défense, lorsque nous avions pris en main
la cause de la littérature moderne, en mon-
trant du doigt les abus de la collaboration.
Pour la première fois, ce jour là, nous
fûmes traduit à la barre des Chambres où
s'applique la loi de 1819, et où, plus tard,
les batailles de plume devaient nous rame-
ner, toujours avec le même défenseur.

L'assistance amicale et, nous devons le
dire, fraternelle de Mᵉ Nogent ne nous a
jamais fait défaut.

Il nous connait, lui!

À aucune époque, au milieu des orages
soulevés et des haines aveugles, il n'a mis
en doute ni la loyauté de nos intentions, ni
notre désir d'être utile en écrivant l'histoire
vivante, en révélant les torts, les périls du
présent pour transmettre à l'avenir des
leçons plus profitables.

Si parfois il nous a blâmé, c'est au seul
point de vue de notre repos personnel et
des intérêts de notre famille.

Sous les verrous de Sainte-Pélagie, dans
la cellule où nous écrivons ce petit livre,
l'estime de notre éloquent défenseur est
une de nos consolations les plus chères.

N'allez pas croire au moins que cette notice biographique, où l'éloge forcément dominé, soit dictée par la seule reconnaissance.

Elle l'est beaucoup plus encore par la conviction.

Tous ceux qui connaissent l'homme dont nous racontons la vie rendent justice aux précieuses qualités de son cœur, à son dévouement sans bornes, à sa modestie qui véritablement en fait un héros de Plutarque, un personnage d'un autre siècle.

Elle est aussi grande que son talent. C'est tout dire.

Nous serions heureux de voir beaucoup de nos contemporains mériter une pareille phrase dans leur histoire.

Le 9 juillet 1846, Nogent-Saint-Laurent défendit devant le tribunal correctionnel de Péronne le docteur Conneau, prévenu d'avoir préparé et favorisé l'évasion du prince Louis.

Dès la veille du jour fixé, la ville de Péronne, si paisible d'ordinaire et presque silencieuse, était pleine d'agitation et de tumulte.

Une foule innombrable, accourue de Saint-Quentin, de Ham et de toutes les cités environnantes venait suivre les péripéties de ce curieux procès.

Il y avait là surtout nombre de journalistes, tant de Paris que de la province, entre lesquels se faisaient remarquer, par l'importance de leur maintien et de leurs

4

allures, M. Louis Couailhac, rédacteur du *Droit*, et le célèbre Frédéric Degeorge, rédacteur en chef du *Journal du Pas-de-Calais*.

Les débats furent dirigés avec sagesse, convenance et modération par M. le président Tattegrain.

Comme on trouve dans ce procès le récit circonstancié de l'un des plus intéressants épisodes de la vie de l'Empereur, nous demandons à le raconter en détail et sans nous écarter de notre sujet, puisque les pages qui vont suivre sont l'analyse de la plaidoirie de M⁰ Nogent-Saint-Laurens.

Il commença par établir la position du

docteur auprès du prince, position exceptionnelle et sacrée, si l'on tient compte de la phrase connue du testament de la reine Hortense :

« Je désire que Conneau puisse toujours rester auprès de mon fils. »

Obéissant à cette volonté suprême, le docteur quitta le château d'Arenenberg avec le prince, et le suivit en Angleterre.

A Boulogne il était près de lui.

La Conciergerie, le palais du Luxembourg et la citadelle de Ham les retrouvèrent ensemble.

Ayant subi les cinq ans de prison auxquels l'avait condamné la Cour des Pairs,

le docteur Conneau demanda et obtint de
rester auprès du fils de sa bienfaitrice.
Ami et médecin, sentinelle de la fidélité
et de la science, il continua de veiller au
seuil du prince captif avec un dévouement
exemplaire.

« — Quand je vois chaque jour, s'écria
Nogent-Saint-Laurens, le désir des ri-
chesses s'accroître, les instincts matériels
dessécher le sentiment, la probité sacrifiée
à l'opulence, l'esprit de spéculation des-
cendre, et envahir la société, il m'est impossible de ne pas glorifier cette abnéga-
tion, qui est toute la vie du docteur Conneau, et qui rend en quelque sorte aujour-
d'hui sa défense glorieuse.

« Au milieu de nos esprits secs et calculateurs, j'aime cet homme qui a tout oublié, excepté le dévouement; j'aime ces sentiments ardents et naïfs qui se détachent sur notre égoïsme froid et général : cela fait plaisir, cela donne du courage. C'est la lueur dans les ténèbres, la fleur près du glacier, la source d'eau fraîche à côté d'une route aride et brûlante. »

Mᵉ Nogent établit ensuite que l'idée d'une évasion n'était venue au prince que sept ou huit jours avant de l'accomplir.

Une triste nouvelle était arrivée à Ham. Le roi Louis venait de tomber gravement malade. Il avait écrit à MM. de Montalivet, Decazes et Molé, sollicitant de ces messieurs, alors ministres, la liberté de son fils.

Le prince Napoléon lui-même, après une requête sans résultat au ministère de l'intérieur, écrivit directement au roi Louis-Philippe, lui demandant l'autorisation de se rendre à Florence et promettant sur l'honneur de revenir se constituer prisonnier.

Mais cette démarche resta sans succès.

Il acquit la certitude que sa mise en liberté, même provisoire, ne serait jamais signée par le roi ni par son conseil.

Alors il résolut de s'enfuir.

Charles Thélin, son valet de chambre, lui procura des vêtements grossiers.

Depuis quelque jours on travaillait à des

réparations urgentes dans la prison qu'habitait Louis Bonaparte. Le matin du lundi, 25 mai, dès sept heures, il passe un costume complet d'ouvrier, pantalon en toile bleue, blouse de même couleur, casquette usée sur la tête et sabots aux pieds. Pour se rendre méconnaissable, il coupe ses moustaches; peint ses sourcils en noir et passe sur son visage une teinte de rouge végétal.

Sa tête est couverte d'une perruque brune, très-épaisse, dont les boucles mal peignées tombent plus bas que ses oreilles.

Ainsi travesti, le prince charge sur ses épaules une lourde planche de sa bibliothèque, descend de sa chambre, et se

trouve presque aussitôt en face d'une sentinelle.

Il remarque chez le soldat un moment
d'incertitude, et celui-ci fait un geste pour
lui barrer le passage.

Mais Louis Napoléon ne semble même
pas s'en apercevoir; il continue résolûment
sa route.

Bientôt il arrive devant la cantine.

Là se trouve un lieutenant de la garnison,
qui, fort heureusement, lit une lettre, et le
faux ouvrier peut traverser la cour..

Toute la garde le voit sans le recon
naître.

Aucun de ces hommes n'a l'ombre du

soupçon, et le tambour jette au prince
fugitif le petit mot pour rire, à propos de
son costume et de sa planche.

Enfin Napoléon franchit le dernier gui-
chet sans encombre ; le portier-consigne
lui ouvre la porte...

Il est libre !

Après cette fuite si heureusement ac-
complie, le docteur Conneau ne devait
avoir qu'une préoccupation, celle de
donner au fils de la reine Hortense le
temps de franchir la frontière.

Dans ce but il accumule tous les arti-
fices et tous les stratagèmes.

M. le curé de Ham devait dire la messe

et déjeûner ensuite avec Napoléon. Le docteur lui fait porter une lettre, écrite d'avance, par laquelle le prince s'excuse sur une indisposition et le prévient de l'impossibilité de le recevoir ce jour-là:

A neuf heures, un gardien entre pour demander de la part du commandant de la citadelle des nouvelles du malade.

Le docteur Conneau les donne mauvaises, ajoutant que son Altesse vient de prendre un remède.

Et il envoie aussitôt un homme de service chercher de l'huile de ricin.

Pour donner une apparence de vérité à ses dires, il prend lui-même ce médicament; mais, quelques efforts qu'il fasse il ne peut arriver à vomir. Alors il compose une mixtion de café au lait, de pain bouilli, d'acide nitrique et d'eau de Cologne qui simule assez bien des vomissements.

Vers une heure, le commandant de la citadelle se présente.

Conneau lui certifie que le prince va mieux, mais qu'il est encore bien fatigué. Le commandant n'insiste pas pour voir le malade, et, dans l'espoir de tromper sa surveillance jusqu'au lendemain matin, le docteur, après son départ, imagine de placer dans le lit vide de Louis Napoléon un mannequin fait avec du linge et des manteaux. Il coiffe cette effigie d'un foulard et lui tourne la tête vers la muraille.

A sept heures du soir, nouvelle visite

de M. Demarle. C'était le nom du commandant de la citadelle.

M. Demarle annonce que, le prince ayant été malade toute la journée, il est absolument nécessaire qu'il le voie et qu'ensuite il fasse son rapport. En conséquence, il insiste et pénètre dans la chambre à coucher.

— Le prince dort, chut! murmure le docteur.

A ce moment même se fait entendre un roulement de tambour.

— Ceci va le réveiller; dit M. Demarle. Je crois qu'il vient de se retourner dans son lit.

Tout en parlant il approche.

— Voilà qui est bizarre, dit-il, je ne l'entends pas respirer.

Seulement alors le soupçon commence à naître dans son esprit. Il repousse le docteur qui veut s'interposer encore, étend le bras et ne rencontre que le paquet de manteaux, de linge et de foulards, simulant à merveille la tête d'un malade... qui se portait fort bien.

— Parti ! s'écrie Demarle avec une exclamation de surprise, mêlée de colère.

— Oui, répond tranquillement l'ex-médecin de la reine Hortense, parti ce matin, à sept heures.

« Que M. le commandant Demarle, dit
à cet endroit de la plaidoirie M⁰ Nogent,
nous pardonne sa comparution devant les
juges. Il a fait son devoir ; nous avons fait
le nôtre. »

Le défenseur établit ensuite que, pour
être accusé de complicité dans une évasion, il faut avoir agi pendant que le dé-
tenu était encore sous les verrous. Une
fois celui-ci dehors, une fois l'évasion
consommée, il n'y a plus rien de possible
que des actes en faveur de la fuite, actes
que la loi ne punit point.

« C'est, ajoute-t-il, le cas du docteur
Conneau. Vous n'avez contre lui aucune
preuve d'activité, aucune preuve de con-
cours, si ce n'est après le moment où le

prince a eu franchi la poterne du fort de
Ham. M. Conneau n'a donc pas favorisé
l'évasion ; il a favorisé la fuite hors de
France. Donc, il n'a point commis de
délit.

Me Nogent-Saint-Laurens termina son
plaidoyer par ces paroles, qui furent con-
verties d'applaudissements énergiques.

« Le docteur Conneau ne s'est point
opposé à ce qu'un fils volât dans les bras
de son père mourant... Est-ce une action
coupable, messieurs? répondez-moi, et
rappelez-vous que ce qui serait une vertu
dans le ciel ne peut-être coupable sur la
terre ! »

Ce fut ensuite au ministère public à
soutenir l'accusation.

Par l'organe de M. Rabasche-Duquesnoy,
il prétendit que le vrai coupable était celui
qui aidait à l'accomplissement définitif de
l'évasion d'un prisonnier. « Si le commandant, dit-il à la fin de son discours,
eût été averti à neuf heures, lors de la
première visite du gardien, il pouvait
encore signaler le prince à Valenciennes,
où celui-ci perdait deux heures à attendre
le convoi de Bruxelles. »

Après une longue délibération, les juges
rentrèrent en séance, et le président prononça d'une voix émue un jugement qui
renvoyait des fins de la prévention le
commandant Demarle et les gardiens
Dupin Saint-André et Yssaly, déclarant
Charles Thélin et Henri Conneau seuls coupables d'avoir facilité par leur connivence

l'évasion du prince. Toutefois, eu égard aux circonstances atténuantes résultant des faits de la cause, on ne condamne le premier qu'à six mois et le second à trois mois d'emprisonnement.

Une correspondance de la *Revue de l'Empire* fait suivre des considérations suivantes le texte du jugement rendu :

« Plusieurs avocats du barreau de Paris et des départements, qui occupent à la Chambre une position élevée, avaient écrit au docteur Conneau pour obtenir de lui l'honorable mandat de présenter sa défense; mais le choix du docteur s'était arrêté, dès le principe, sur Me Nogent-Saint-Laurens.

« Ce jeune avocat, dont la chaleureuse parole avait été si favorablement écoutée à la Chambre des Pairs, lorsqu'il eut à défendre le colonel Laborde, impliqué dans le procès de Boulogne, devait justifier une fois de plus la confiance que les amis du prince Napoléon ont mi e, non pas seulement dans son incontestable talent, mais encore dans la droiture de son caractère et l'élévation de ses sentiments.

« Lorsque M⁰ Nogent-Saint-Laurens parle, on sent qu'il est convaincu. Sa persuasion vous gagne et son éloquence est forte, parce qu'elle est celle d'un honnête homme.

« La défense du docteur Conneau a été on ne peut plus habile.

« C'est avec un tact exquis, on doit le
dire, qu'il a apprécié les circonstances de
l'évasion et les actes de son client. Il a
traité la question de droit avec l'expé-
rience d'un jurisconsulte vieilli dans les
luttes du Palais. Sa réplique a été pleine
d'une verve toute française. La spontanéité du mot n'a nui en rien au bonheur
de l'expression.

« Me Nogent-Saint-Laurens a devant lui
un bel avenir. Quoique l'un des plus jeunes
avocats inscrits au tableau, il s'est placé
tout d'abord au premier rang parmi ses
émules les plus distingués. »

La *Revue des Deux-Mondes* a choisi
notre héros pour son avocat en titre.

Il a défendu au Palais un grand nombre
de littérateurs, entre autres Mérimée,
Alexandre Dumas et Auguste Maquet.

Alexandre Dumas père et *seul* dit de
M⁰ Nogent :

« — Je ne lui connais qu'un défaut : il
aime trop la garde nationale ! ».

Nous voudrions pouvoir accuser le grand
Mousquetaire de calomnie. Par malheur
le reproche est juste. Mais, dans sa passion
pour la milice bourgeoise, notre avocat a
été puni par où il a péché. Depuis le retour
des cendres de l'Empereur, il est sous-
lieutenant dans la garde à cheval et n'en-
trevoit pas la perspective d'un grade supé-
rieur.

Heureusement, il a pris sa revanche au Palais.

Cedant arma togæ!

Après la révolution de 1848, Mᵉ Nogent-Saint-Laurens resta ce qu'il était, simple avocat.

Lors du triomphe de la cause napoléonienne, il ne chercha point à se prévaloir de ses antécédents auprès du prince Louis. Mais l'élu du suffrage universel avait conservé bon souvenir du jeune défenseur du colonel Laborde : il lui envoya la croix et le désigna pour l'un des trois avocats de la liste civile.

Mᵉ Nogent-Saint-Laurens fut nommé, en

1854, député du Loiret au Corps législatif.

En 1855, il défendit Célestine Doudet,
cette institutrice anglaise, accusée d'avoir
fait mourir par toutes sortes de mauvais
raitements une petite fille confiée à ses soins.

Il avait contre lui Chaix-d'Est-Ange et
M. le premier avocat-général, envoyé aux
assises pour soutenir l'accusation.

Un acquittement prononcé par le jury
couronna les efforts du défenseur. Il sortit
victorieux d'une lutte engagée contre deux
puissants antagonistes.

A la Chambre, Nogent-Saint-Laurens a

parlé dans l'affaire Montalembert avec un esprit merveilleux et une modération qui lui a valu d'universels éloges.

Il défendit, au mois de décembre 1856, devant le tribunal civil de la Seine, le lieutenant-colonel Félix Dubost contre les prétentions de madame veuve Audoin, qui demandait cent mille francs de dommages-intérêts pour la non-réalisation d'une promesse de mariage.

L'illustre Berryer appuyait la demanderesse.

On sait quel retentissement eut ce procès. Madame Audoin, beauté voisine de la quarantaine et mère d'un fils déjà grand, avait résolu de contracter un nouvel hyménée, deux mois après la mort de son mari et sans se préoccuper de la législation ni des biensénces.

L'objet de son choix était M. Dubost, un des amis du défunt.

Caractère plein d'énergie et de violence, imagination exaltée, madame Audoin ne recula devant aucune tentative pour arriver à son but. Elle commença par la séduction, continua par la ruse et finit par les scènes tragiques.

Une première fois elle avala du laudanum à une dose qui ne compromettait pas ses jours.

Puis, abusant de l'émotion d'un saint ecclésiastique appelé pour lui administrer les derniers secours de la foi ; abusant du chagrin de Dubost, qui déjà la croyait morte à cause de lui, elle obtint du prêtre qu'il prononçât quelques-unes des paroles employées par la liturgie pour la célébration des mariages.

Une semaine après, elle obtint une seconde victoire de ce genre.

Dans la sacristie d'une église, sans témoins, le même prêtre consentit à procéder à une bénédiction de fiançailles, cérémonie sans importance du rite catholique et qui n'engage en rien les contractants.

La famille de Dubost, persuadée que celui-ci était le jouet d'une intrigue, obtint qu'il partirait pour la Suisse.

Presque aussitôt, par une audacieuse manœuvre, madame Audouin découvrit la retraite du fugitif.

Sachant ensuite que, sur sa demande au ministre de la guerre, il venait de s'embarquer pour aller rejoindre nos troupes devant Sébastopol, elle n'hésite pas à s'embarquer elle-même pour la Crimée.

La voilà sous les murs de la ville qu'on assiége.

Mais ce n'est pas, comme tant de femmes héroïques, pour soigner les blessés et les mourants, c'est pour faire quitter la tranchée au colonel Dubost, « la tranchée noire, humide et sanglante! » s'écria Mᵉ Nogent-Saint-Laurens, dont les lecteurs de ce procès inouï peuvent se rappeler le magnifique mouvement oratoire.

« Le prêtre, continua-t-il, a charge d'âmes,
l'officier aussi.

« M. Dubost commande le génie de la
3ᵉ division. Il a besoin de tout son sang-
froid, de tout son courage, et, quand il est
là, sous le drapeau de la France, devant la
mort, vous venez lui faire des scènes de
mélodrame[1], vous venez-le démoraliser? Il
s'agit bien d'une promesse de mariage! Le
soldat au feu est sacré; l'auréole de la gloire
et du péril luit sur son front.... Arrière!
Patience et résignation. Cet homme n'est
plus à vous : il est à l'honneur, il est à la
France! »

1. Madame Audouin, dans un accès de folie étrange,
s'était frappée d'un coup de poignard.

Le général en chef enjoignit à madame Audoin de repartir au plus vite pour Constantinople.

Mais ce n'était pas le dernier acte de ce drame bizarre.

Quand la guerre fut terminée, en 1856, et quand M. Dubost se trouva de retour à Paris, madame Audoin, munie d'un pistolet chargé, armé et amorcé, lui rendit visite à son domicile.

Toutes réflexions faites néanmoins, elle ne crut pas devoir se servir de l'arme meurtrière et jugea plus sage d'introduire une action en dommages-intérêts.

« Vous repousserez la demande de madame Audouin, dit aux juges, en terminant

sa plaidoirie, l'honorable et sympathique
avocat. Une promesse de mariage n'a aucune
valeur, et sa violation n'entraîne des domm-
mages-intérêts qu'autant qu'il y a eu préjudice matériel et moral. Or ce préjudice
est-il le fait de M. Dubost ? Tout le bruit
qui éclate autour de ces aventures, c'est
madame Audouin qui le provoque. Elle doit
porter la peine de ses témérités, et cette
peine sera le rejet de sa demande. »

Le tribunal fut de l'avis de Mᵉ Nogent-
Saint-Laurens : il déclara la veuve Audouin
non recevable et mal fondée dans ses prétentions matrimoniales.

Peu de mois après, notre avocat eut le
malheur d'être désigné d'office pour dé-

fendre l'exécrable Verger. Sous ce rapport,
les chances judiciaires lui sont fatales, et,
dans cette loterie des causes d'office, il a
gagné tout récemment un autre lot fâcheux,
la défense de l'assassin Pieri.

Nous ne voyons pas qu'il soit nécessaire,
dans le cadre adopté pour cette histoire, de
nous étendre bien au long sur l'exposé des
doctrines politiques de notre héros...

Elles sont connues.

Qu'il nous suffise de citer la fin d'une
plaidoirie prononcée, il y a trois ans, devant le tribunal maritime de Brest. Me Nogent-Saint-Laurens, en réponse à Me Berryer qui avait traité un peu cavalièrement

le Corps législatif actuel, s'exprime en ces termes :

« Je suis le partisan fidèle de ce principe de sécurité et de prospérité politique qu'on appelle le principe de la séparation des pouvoirs. Sous aucun prétexte je n'entraverai la marche du Gouverment par une opposition systématique et continue. Il y a des gens qui disent que cela vaut mieux et qui le prouvent par des exemples et par des résultats. Moi, je n'ai que ceci à répondre : D'accord avec les Chambres, le Gouvernement prend Sébastopol et fait l'Exposition universelle ; c'est-à-dire qu'il accomplit un miracle des temps de paix au milieu des grands événements de la guerre. Ceux qui ne sont pas contents après cela me paraissent difficiles. »

La dernière cause célèbre, par ordre de
date, où ait figuré M⁰ Nogent-Saint-Laurens
est le procès du capitaine Doineau, dont les
mystérieuses et dramatiques péripéties se
déroulèrent au mois d'août 1857, devant la
Cour d'assises d'Oran.

Certes les éléments de curiosité ne man-
quaient pas à cette affaire.

Tout était de nature à remuer profon-
ment l'opinion publique, la situation du
prévenu, le caractère exceptionnel de l'at-
tentat qui lui était imputé, l'éloquence à
laquelle s'élevèrent les avocats célèbres qui
soutenaient ou combattaient l'accusation,
et enfin l'importance des questions d'autorité qui se discutaient pour la première
fois.

Dans sa plaidoirie, aussi amère que brillante, M. Jules Favre se borna, comme on le sait, à de perpétuelles attaques et à de longues diatribes contre les bureaux arabes, « cet admirable système d'administration, dit un rapport adressé à l'Empereur en 1857, qui nous a conduits jusqu'au Sahara, grâce auquel Abd-el-Kader a été vaincu, les chefs indigènes ont été créés, les tribus ennemies soumises et la Kabylie domptée en une campagne. »

Les adversaires de l'armée, c'est-à-dire les partisans de l'administration civile, crièrent aux exactions, sans en prouver une seule.

On parla d'exécutions secrètes et de massacres de prisonniers, comme si nos

6

soldats et leurs chefs avaient gagné sur
cette terre d'Afrique la contagion de la
barbarie, comme s'il était possible d'in-
staller un doux régime de mansuétude et de
philanthropie aux frontières du Maroc, là
où le brigandage est en permanence, où
l'on pille, où l'on détrousse, où l'on as-
sassine.

Quelques faits regrettables furent enve-
nimés sous les animations de la parole. On
en profita pour calomnier en masse l'armée
et la gloire, pour ne plus tenir compte du
salut du pays, et pour jeter cette pâture à
l'opinion, toujours rapide en France, et
souvent malveillante.

Le triomphe de M° Nogent, qui consacra
sa verve généreuse à la défense de l'accusé

Doineau, fut sa discussion sur la valeur des révélations qui chargeaient son client.

Il en démontra toutes les contradictions, toutes les incohérences, tous les mensonges.

Personne n'osa le suivre sur ce terrain. Il démontra par des preuves irréfragables que les soupçons auxquels le capitaine était en butte avaient pour origine une erreur, une phrase mal traduite. On avait pris, dans la lettre d'un révélateur, le mot arabe *donau*, qui signifie *assemblée, réunion*, pour le nom de Doineau, et, comme le faisait observer l'honorable avocat, cette confusion fatale avait fort bien pu inspirer aux véritables assassins la pensée de rejeter

sur un chef *roumi* la responsabilité de ce
grand crime, pour sauver leurs têtes.

La péroraison de Me Nogent entraîna
l'auditoire, animé pourtant de sentiments
hostiles contre le prévenu, par cela seul
qu'il représentait le pouvoir arbitraire de
l'épée.

« Doineau, s'écria-t-il; n'a que sa vie
dans cette affaire. Il est soldat, qu'est-ce
que la vie d'un soldat? un défi perpétuel
jeté à la poudre, au canon, à la mort! Doineau est soldat : pour lui la mort n'est
rien.

« Mais une idée me donnait l'insomnie
et le vertige. Quoi! me disais-je, sur

cette terre d'Afrique qui est la conquête et qui sera pour nous le miracle de la civilisation, sur cette terre où nos soldats ont marqué et marquent leur gloire, il se sera trouvé un Français, un officier, qui aura conçu une haine arabe, qui aura commandé une bande d'assassins! Quel deuil pour mon pays, quelle tache pour nos armes! Eh-bien, cela n'est pas, non cela n'est pas, cela ne pouvait pas être! Les révélations ignobles que vous savez n'ont pas monté jusqu'à la loyauté militaire du capitaine. Le brouillard tombe, il ne s'élève plus; il ne saurait obscurcir la vérité.

« Messieurs, je le dis avec toutes les inspirations du cœur, avec toutes les forces de la raison, avec tous les élans de la conscience, cet homme est innocent! cet officier est un homme d'honneur!»

On sait que le verdict de la Cour déclara Doineau coupable d'avoir par dons, promesses, menaces, abus d'autorité où de pouvoir, provoqué au crime et donné des instructions pour le faire commettre.

Elle lui refusa le bénéfice des circonstances atténuantes et le condamna à la peine de mort.

On sait aussi que la Cour de cassation rejeta le pourvoi du capitaine.

Mais l'Empereur, usant de son droit de grâce, a commué la peine du malheureux officier, en celle de la prison perpétuelle, qui n'est point infamante.

Doineau conserve sa décoration et son grade.

En 1857, Nogent-Saint-Laurens fut réélu député du Loiret au Corps législatif par 16 805 suffrages sur 17 770 votants.

Il est rare qu'un candidat touche d'aussi près à l'unanimité.

Toutes les sympathies sont acquises à notre héros, soit à la Chambre, soit au Palais, où il ne rencontre pas un ennemi, où chacun rend justice à son travail, à sa persévérance, à son talent de premier ordre. Il serait déjà garde des sceaux, peut-être, s'il était moins ami de la retraite et s'il ne mettait pas à s'effacer le même soin

que le commun des hommes met à se produire.

Ses débuts, nous l'avons dit, ont eu lieu
à la Cour d'assises, et avec beaucoup trop
d'éclat pour ne pas donner carrière à la
malveillance des détracteurs.

En ce monde, il est une chose que le
vrai mérite rencontre infailliblement sur
son chemin, c'est l'envie.

On a insinué que Nogent-Saint-Laurens
était un avocat plus brillant que solide; on
a dit : « C'est l'homme de la passion plutôt
que l'homme de la science. »

Il suffit de l'entendre plaider une seule
fois dans les affaires civiles pour recon-
naître l'injustice d'une telle assertion. Tout,

récemment, à la Cour impériale de Paris[1], il discuta et fit établir, grâce à un plaidoyer savant et profond, un point de droit relatif à la séparation de corps entre étrangers, et cela malgré le respectable précédent d'un arrêt de cassation cité par l'adversaire. Jamais avocat n'a traité les questions arides et sèches de jurisprudence avec plus d'intérêt, plus de méthode et plus de clarté. Sa parole, au sein même des débats litigieux, où l'éloquence de tant d'autres se fatigue et disparaît, conserve toujours la fougue, le feu, la couleur. Sous cette verve féconde, la pensée se maintient nette, précise, élégante; elle captive, elle charme, sans jamais lasser l'auditoire, et l'on peut dire que personne mieux que notre orateur ne sait dégager la langue du droit de tout ce qu'elle a de soporifique et de glacial.

Seul au Palais, peut-être, il suit sans vertige les argumentations abruptes, que ses confrères ne gravissent qu'avec lenteur et à l'aide du bâton ferré du tâtonnement. Plus agile et plus heureux, Nogent les franchit d'un bond, comme le chamois franchit les glaciers et les précipices. Il retombe toujours d'aplomb, sans chanceler.

La souplesse, la force et la grâce sont les trois qualités dominantes de ce beau talent.

FIN.

Paris.—Typographie de Gaittet et Cie, r. Gît-le-Cœur, 7.

Mon cher ami

Je vous ai manqué de parole
aujourd'hui.

Mes journées et mes projets sont
sans cesse traversés par la force
majeure et l'imprévu.

Tantôt j'ai reçu une nomina-
tion d'office pour Vierzi. J'ai dû
consacrer ma journée à l'examen
du dossier.

Mon premier moment de liberté
est pour vous.

Mille amitiés.

G. Sargent de Lancey

HISTOIRE-MUSÉE

DE LA

RÉPUBLIQUE FRANÇAISE

DEPUIS

L'ASSEMBLÉE DES NOTABLES JUSQU'A L'EMPIRE

PAR

AUGUSTIN CHALLAMEL

ACCOMPAGNÉE

DES ESTAMPES, COSTUMES, MÉDAILLES,
CARICATURES, PORTRAITS HISTORIÉS ET AUTOGRAPHES
LES PLUS REMARQUABLES DU TEMPS

TROISIÈME ÉDITION

Le succès qui a accueilli les deux premières
éditions de ce livre pourrait, à la rigueur, nous
dispenser d'entrer dans de nouvelles explica-
tions sur l'intérêt des matières qu'il traite et

sur l'importance des nombreux documents qu'il contient; mais il nous a semblé qu'il ne serait pas hors de propos aujourd'hui de dire quelques mots sur la pensée de l'auteur, sur le plan qu'il a suivi et sur les motifs qui doivent faire, à notre avis, désirer en ce moment une réimpression de cet ouvrage.

L'*Histoire-Musée de la République française* n'est pas, à proprement parler, une histoire de la République, c'est-à-dire un récit plus ou moins détaillé des événements publics groupés et appréciés suivant la passion politique, le système ou l'école philosophique de l'auteur; elle n'est pas non plus, comme on pourrait le penser, un simple recueil de documents, plutôt fait pour les écrivains que pour les lecteurs; elle tient à la fois de ces deux genres de livres; plus impartiale et moins solennelle que les narrations des historiens; en ce qu'elle se borne, la plupart du temps, à exposer les circonstances dans lesquelles se sont produits les lettres, les dessins, les emblèmes, les caricatures, dont elle retrace et conserve l'image exacte comme autant de monuments des luttes des partis, elle est moins sèche aussi et plus instructive qu'une simple collection de pièces, parce que, en guidant le lecteur par un récit rapide des faits qui relient entre elles ces productions si diverses de l'esprit français pris sur le fait dans le moment où la surexcitation des passions de parti lui donne l'essor le plus énergique, elle met l'observateur intelligent à même d'en déduire des enseignements utiles.

On pourrait dire que l'*Histoire-Musée de la République française* est la chronique du mouvement quotidien de l'esprit français pendant la Révolution.

Quant à l'opportunité du moment choisi pour cette réimpression, nul ne contestera qu'elle ne saurait se produire plus à propos que dans ces temps de calme si favorables à la méditation, ces temps où les esprits sérieux aiment à chercher dans l'étude impartiale du passé la raison d'être du présent et la leçon de l'avenir.

CONDITIONS DE LA SOUSCRIPTION

L'Histoire-Musée de la République française, par Augustin Challamel, formera deux volumes grand in-8 jésus.

350 gravures sur acier et sur bois, dessinées et gravées par les meilleurs artistes, illustreront cet ouvrage, qui sera publié en 72 livraisons à 25 cent., et en 12 séries brochées à 1 fr. 50 cent.

Chaque livraison contiendra invariablement 16 pages de texte, avec gravures, plus *deux gravures* sur acier ou sur bois, tirées à part, ou une gravure et un autographe.

Prix de la livraison, 25 centimes

LES PREMIÈRES LIVRAISONS SONT EN VENTE

ON SOUSCRIT A PARIS

chez GUSTAVE HAVARD, LIBRAIRE-ÉDITEUR

RUE GUÉNÉGAUD, 15

Et chez tous les Libraires de la France et de l'Étranger.

VIENT DE PARAITRE :

LA

BOURSE

SES ABUS ET SES MYSTÈRES,

PAR

EUGÈNE DE MIRECOURT.

1 vol. gr. in-8.

PRIX : 5 FRANCS.

5 FRANCS 50 *reçu franco par la poste.*

Paris. — Typ. de Gaittet et Cie, rue Gît-le-Cœur, 7.

www.ingramcontent.com/pod-product-compliance
Lightning Source LLC
Chambersburg PA
CBHW070858280326
41934CB00008B/1491